BEI GRIN MACHT SICH IHR WISSEN BEZAHLT

- Wir veröffentlichen Ihre Hausarbeit,
  Bachelor- und Masterarbeit

- Ihr eigenes eBook und Buch -
  weltweit in allen wichtigen Shops

- Verdienen Sie an jedem Verkauf

Jetzt bei www.GRIN.com hochladen
und kostenlos publizieren

Claus Schildge

Steuerungssysteme für das Gesundheitswesen

GRIN Verlag

Bibliografische Information der Deutschen Nationalbibliothek:

Die Deutsche Bibliothek verzeichnet diese Publikation in der Deutschen National-
bibliografie; detaillierte bibliografische Daten sind im Internet über http://dnb.d-
nb.de/ abrufbar.

Dieses Werk sowie alle darin enthaltenen einzelnen Beiträge und Abbildungen
sind urheberrechtlich geschützt. Jede Verwertung, die nicht ausdrücklich vom
Urheberrechtsschutz zugelassen ist, bedarf der vorherigen Zustimmung des Verla-
ges. Das gilt insbesondere für Vervielfältigungen, Bearbeitungen, Übersetzungen,
Mikroverfilmungen, Auswertungen durch Datenbanken und für die Einspeicherung
und Verarbeitung in elektronische Systeme. Alle Rechte, auch die des auszugsweisen
Nachdrucks, der fotomechanischen Wiedergabe (einschließlich Mikrokopie) sowie
der Auswertung durch Datenbanken oder ähnliche Einrichtungen, vorbehalten.

Impressum:

Copyright © 2014 GRIN Verlag GmbH
Druck und Bindung: Books on Demand GmbH, Norderstedt Germany
ISBN: 978-3-656-70683-0

Dieses Buch bei GRIN:

http://www.grin.com/de/e-book/277740/steuerungssysteme-fuer-das-gesundheits-
wesen

GRIN - Your knowledge has value

Der GRIN Verlag publiziert seit 1998 wissenschaftliche Arbeiten von Studenten, Hochschullehrern und anderen Akademikern als eBook und gedrucktes Buch. Die Verlagswebsite www.grin.com ist die ideale Plattform zur Veröffentlichung von Hausarbeiten, Abschlussarbeiten, wissenschaftlichen Aufsätzen, Dissertationen und Fachbüchern.

Besuchen Sie uns im Internet:

http://www.grin.com/

http://www.facebook.com/grincom

http://www.twitter.com/grin_com

MIGG

Steuerungssysteme für das Gesundheitswesen

Hr. Schütz

Inhaltsverzeichnis

Was bedeutet „systemisch" im „systcoach"?

Systemisches Denken

- Ist ein ganzheitliches und vernetztes Denken
- „Fähigkeit" (alle) verschiedenen, interdependent miteinander verknüpften Elemente und ihre Interaktionen im Rahmen einer Gesamtheit von Elementen zu sehen.
- Keine einfachen Ursache-Wirkungszusammenhänge und statische Ist-Analysen
  Stattdessen: Eigendynamik des Systems sowie die Interdependenzen und Fernwirkungen so weit wie möglich zu berücksichtigen.
- Nicht kurzfristig und im engeren Umfeld denken.
  Stattdessen: Langfristige Konsequenzen und Auswirkungen auf andere beteiligte Personen (kreise) berücksichtigen.
- **Systemisches Denken führt zu nachhaltigen Lösungen**

Ist in der tatsächlichen Führungsstruktur nicht so weit verbreitet.

Management

Lateinisch:

- Manus agere   =   an der Hand führen
- Mansionem agere   =   das Haus (für den Eigentümer) bestellen

Management ist die zielgerichtete Steuerung des Unternehmens und der darin ablaufenden Prozesse

… aber auch die Kunst, gemeinsam mit anderen Menschen etwas zu erledigen

- Malik definiert Management als die gestaltende, steuernde und lenkende Funktion einer Gesellschaft.
- Das bedeutet das Thema Management findet sich letztendlich nicht nur in Unternehmen sondern auch in Behörden, Vereinen, Gesellschaften
- Managementbegriff wird eher über die Technik hergeleitet (Steuern, Gestalten, Lenken) – technisches Verständnis
- Wichtig: Zielgerichtetes Steuern, Ablauf über Prozesse
- Kunst gemeinsam mit anderen Menschen etwas zu gestalten. Oft Problematisch: Ziele werden von verschiedenen Menschen unterschiedlich anders definiert. Verständnis für die Zielorientierte Fokussierung bedeutet, dass das gleiche Ziel verfolgt wird.

Begriffsabgrenzung des Managements

Funktionaler Managementbegriff	Institutioneller Managementbegriff
Tätigkeiten und Abläufe zur Führung von Organisationen	Personengruppe, die überwiegend organisatorische oder leitende Tätigkeiten ausübt.

- Unterscheidung der Begrifflichkeiten: Management als Funktion oder als Institution

Was tun Manager?

Planning	Organizing	Leading	Controlling	Lead to
Defining goals, establishing strategy, and developing plans to coordinate activities	Determining what needs to be done, how it will be done, and who is to do it	Motivating, leading, and any other actions involved in dealing with people	Monitoring activities to ensure that they are accomplished as planned	Achieving the organization's stated purposes

- Malik definiert die Funktionen Gestalten, Lenken, Steuern als wichtige Funktionen des Managements.

Funktionaler Managementbegriff: Managementkonzepte – Management by…

Managementprinzip	Funktionaler Schwerpunkt	Management by…
Heraushebung eines funktionalen Schwerpunkts im Entscheidungsprozess	Zielbildungsphase	… objectives … ideas
	Planungs- und Durchsetzungs-phase	Verhaltensorientiert … motivation … participation Delegationsorientiert … exception … delegation … decision rules
	Kontrollphase	… results
Den gesamten Entscheidungs-prozess umfassend		… walking around … systems (z.B. St. Galler Managementmodell)

Management by Excellence – Best Practise nach Padberg

Management by solution – lösungsorientierte und werteorientierte Unternehmenssteuerung nach systcoach.consulting

- Anders als in der Naturwissenschaft existiert keine übergreifende Klammer dessen, was Führung ausmacht.
- Literatur zum Thema Führung ist schier unendlich
- Management by objectives ist in der Literatur sehr weit verbreitet.
  o Führen anhand von Zielvereinbarungen, die mit den Mitarbeitern definiert werden
- Management by ideas
  o Mitarbeiter werden für die Bereitstellung von Ideen gefördert.
- Planungs- und Durchsetzungsphase:
  o Delegation sehr davon abhängig wie routiniert das Team funktioniert
- Management by results: Leistung wird beurteilt und ermittelt am Ergebnis
- Alles Teilfunktionen des Managements, die sich in der Praxis etabliert haben
- **Nicht allzu prüfungsrelevant**

Institutioneller Managementbegriff – wer sind Manager?

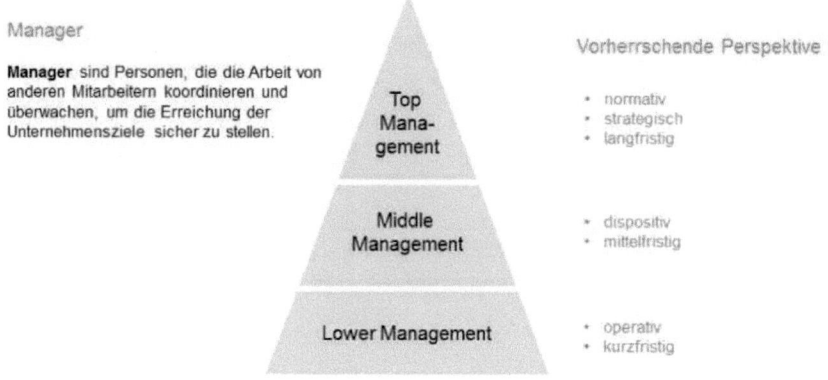

Manager

Manager sind Personen, die die Arbeit von anderen Mitarbeitern koordinieren und überwachen, um die Erreichung der Unternehmensziele sicher zu stellen.

Top Mana-gement

Middle Management

Lower Management

Vorherrschende Perspektive

• normativ
• strategisch
• langfristig

• dispositiv
• mittelfristig

• operativ
• kurzfristig

Differenzierung der Funktionsanteile nach Managementebene

Differenzierung der Funktionsanteile nach Managementebene

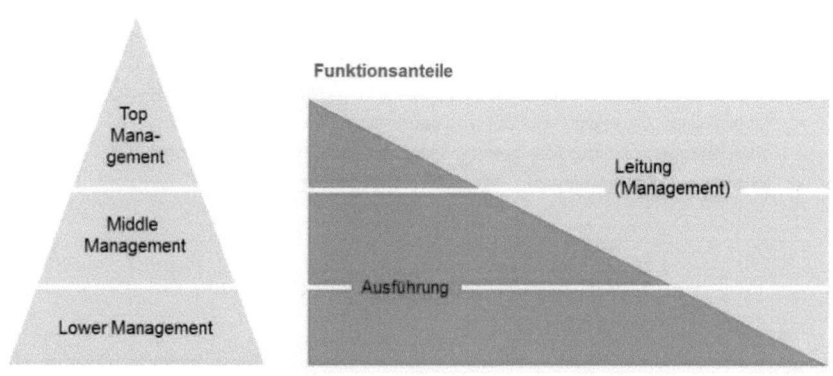

Top Mana-gement

Middle Management

Lower Management

Funktionsanteile

Leitung (Management)

Ausführung

- Operative Tätigkeiten nehmen nach oben hin ab.

Differenzierung der Entscheidungsbasis nach Managementebene

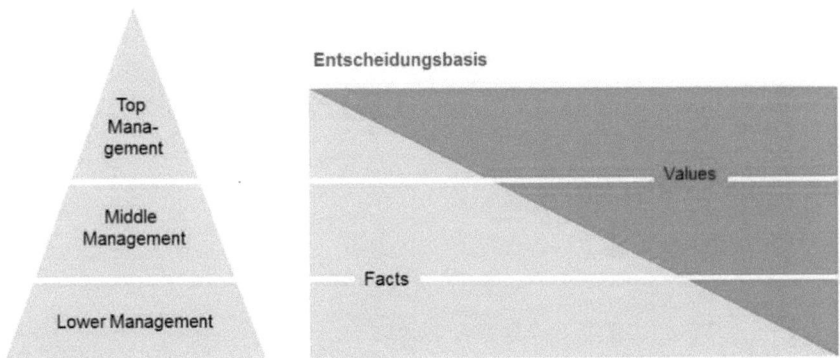

Zielfunktion des Managements: Effektivität vs. Effizienz

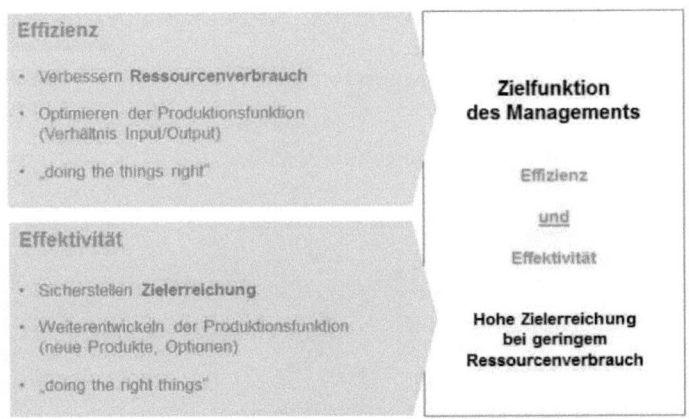

- Effektivität: Wichtig ist es, die Dinge zu tun, die für das Unternehmen förderlich sind.
- Das Ziel sollte nachvollziehbar und smart sein (Malik)
- Effizienz / operative Excellenz. – beim Umsetzen, richtige Personen einsetzen, Mittelverwendung, richtiges Tun, Ressourcenverbrauch, optimales Verhältnis von Input und Output. Minimal- / Maximalprinzip

Unternehmensphilosophie, -ethik, -politik: Oberste Handlungsebene des Managements

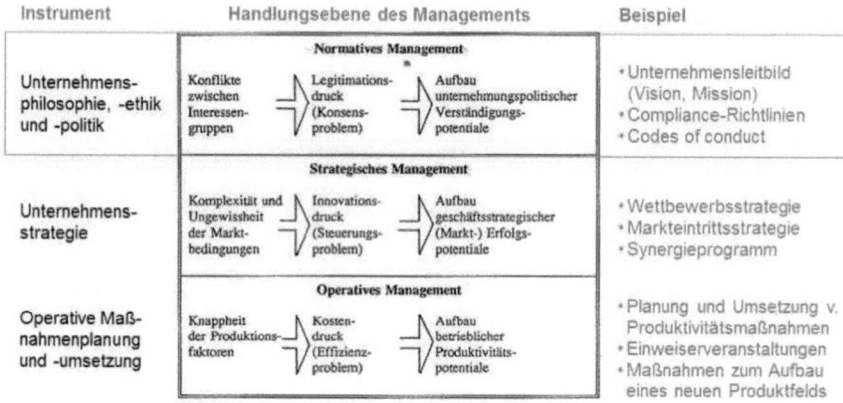

Instrument	Handlungsebene des Managements	Beispiel
Unternehmens-philosophie, -ethik und -politik	**Normatives Management** Konflikte zwischen Interessen-gruppen → Legitimations-druck (Konsens-problem) → Aufbau unternehmungspolitischer Verständigungs-potentiale	• Unternehmensleitbild (Vision, Mission) • Compliance-Richtlinien • Codes of conduct
Unternehmens-strategie	**Strategisches Management** Komplexität und Ungewissheit der Markt-bedingungen → Innovations-druck (Steuerungs-problem) → Aufbau geschäftsstrategischer (Markt-) Erfolgs-potentiale	• Wettbewerbsstrategie • Markteintrittsstrategie • Synergieprogramm
Operative Maß-nahmenplanung und -umsetzung	**Operatives Management** Knappheit der Produktions-faktoren → Kosten-druck (Effizienz-problem) → Aufbau betrieblicher Produktivitäts-potentiale	• Planung und Umsetzung v. Produktivitätsmaßnahmen • Einweiserveranstaltungen • Maßnahmen zum Aufbau eines neuen Produktfelds

Quelle: Eigene Darstellung in Anlehnung an Ulrich/Fluri 1995, S. 19

- Wiederspiegelt das vorherige Dreieck.
- Im Normativen Management werden die Top-Ziele und Werte erarbeitet und diese diffundieren nach unten bis zur operativen Ebene durch.
- Akzeptanz in der Operativen Ebene ist größer, wenn die Normative Ebene transportiert und gelebt wird.
- Beispiel: Projekt zur Erarbeitung eines Leitbildes wird den Mitarbeitern vorgestellt und nicht „verordnet"

Generelle Zielfunktion: Zeit, Ergebnis, Qualität

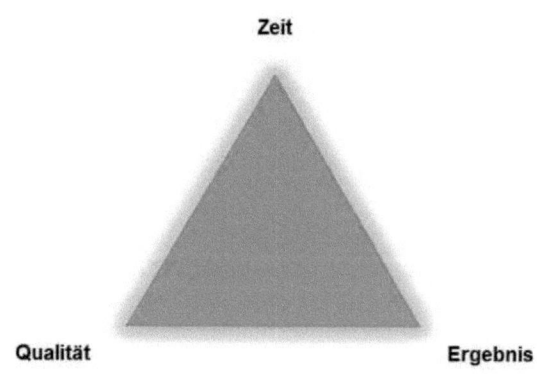

- Ziele können im Widerspruch stehen, müssen aber nicht
- Hohe Qualität erzielt meist auch ein gutes Ergebnis, erfolgreiche Unternehmer haben meist auch eine sehr hohe Qualität (aber auch Innovation)
- Zeitfaktor auch ganz entscheidend, Entscheidung und Umsetzung muss oft schnell getroffen werden. (z.B. erster am Markt zur Verhandlung mit den Kostenträgern und Aufbau von Strukturen am Markt)

Aufgaben, Motivationen und Klassifizierungen von Managern

Schumpeter vertritt die These, dass Unternehmer immer „ganze Kerle" waren und sind – jedoch gibt es auch weibliche Unternehmerinnen, die sehr erfolgreich waren.

Führungsqualitäten nach Jim Collins und Morton J. Hansen

- Fanatische Disziplin (erfolgreiche Unternehmer waren sehr begeistert von ihrem Produkt, sh. Automobil-Hersteller, Chemiker usw.)
- Empirische Kreativität (neue Lösungsmodelle, Empirie: auch marktorientierte Lösungssuche)
- Produktive Paranoia (getrieben vom Ehrgeiz, der beste zu sein – jeder Versuch von Konkurrenten, am Markt zu positionieren als Angriff auf die eigene Idee)
- Level 5 Ambitionen (Leidenschaft und Einsatz für eine Sache / Idee, die bedeutender ist als das eigene Ego)

Unternehmerqualitäten nach Napoleon Hill: Denke nach und werde reich

- Verlangen (Idee für die man steht – gleichzusetzen mit fanatischer Disziplin)
- Glaube (Unternehmen, hinter dem man steht), wenn man vom Unternehmen nicht überzeugt ist, dann haben Sie ein Problem)
- Autosuggestion (lenkende Kraft an Glaubenssätze – man glaubt an das eigene Produkt, dies hat Auswirkungen auf die Qualität)
- Fachkenntnisse (sind erforderlich)
- Fantasie (Kreativität – Anpassungsfähigkeit an Veränderungen und Fähigkeit, neue Lösungen zu finden, z.B. Prozesse neu erfinden)
- Entschluss (3 Möglichkeiten – gar nicht, schlecht oder gut), bei einem Entschluss ist es wichtig zunächst die Empirie zu beachten und neue Produkte zu testen (nicht mit Kanonen auf Spatzen schießen) – Vorsichtige Vorbereitung, erst an den Markt gehen, wenn die Aussicht auf Erfolg besteht und dann aber richtig mit voller Energie.
- Ausdauer (Investive Mittel müssen vorhanden sein, und zunächst kommt eine wenig ertragreiche Anlaufzeit)

- Sechster Sinn (Bauchgefühl – Fachleute verfügen über ein Gespür dafür, welche Maßnahmen erfolgreich sind) – wichtig: Dies gilt nur für Fachleute

Führung – Personalmanagement oder „Menschen führen, Leben wecken"

Werteorientierte Führung: Die Mischung machts

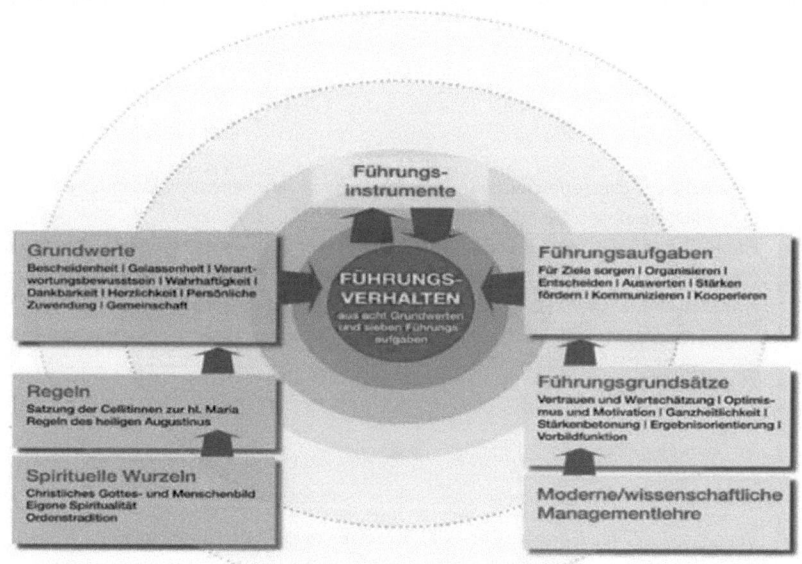

- Basis für die Führungsaufgaben und Führungsgrundsätze sind Grundwerte (Top Management – Normative Ebene beschreibt, legt fest und diskutiert die Werte mit den Mitarbeitern)

Die glorreiche Acht

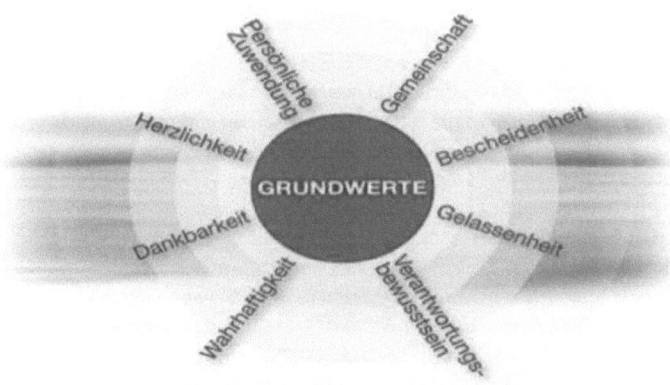

- Wie wird das Konzept kommuniziert?
- Jede Führungskraft schreibt für seine Abteilung ein Brevier, damit das Konzept auch gelebt wird.

Die sechs Führungsgrundsätze nach Prof. Malik / Hochschule St. Gallen (Klausur)

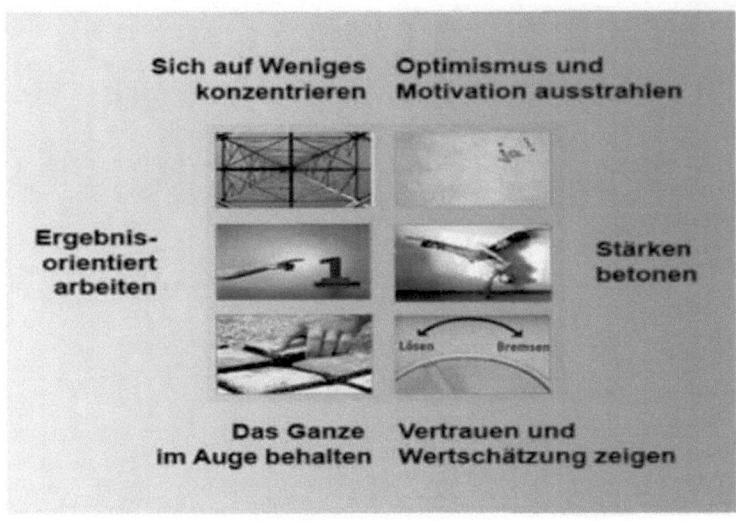

- Auf weniges konzentrieren: Viele Unternehmen stoßen viele Projekte parallel an, bei begrenzten Ressourcen (beachte Zielfunktion des Managements – operative Exzellenz) – Fokus behalten und seine Ressourcen nicht verpulvern.
- Ergebnisorientiert arbeiten: wenn am Ende nichts heraus kommt, dann fehlt die operative Exzellenz.
  - o Outcome für den Patienten (Qualität) – zählbares Ergebnis
  - o Unternehmerisches Ergebnis, in der Gesundheitsbranche zählen jedoch auch andere Ergebnisaspekte
- Das Ganze im Auge behalten – viele Fachbereiche in den Kliniken kämpfen sehr für sich, z.B. wenn der Internist seine CM-Punkte nicht gutgeschrieben bekommt, weist er den Patienten dem Bauchchirurg nicht mehr zu – dies hat Auswirkungen auf die Ergebnisqualität.
  - o Unterm Strich steht das Ergebnis für den Patienten und für das Unternehmen
- Vertrauen und Wertschätzung: Wenn der Internist Patienten verliert und der Geriater dafür die Lorbeeren erntet, braucht es Vertrauen. Wertschätzung ist wesentlich für die Leistung von Mitarbeitern. Wertgeschätzte Mitarbeiter sind zufriedene Mitarbeiter.
  - o Beispiel: Buchhalter, die sich gegenseitig wertschätzende Kommentare auf den Rücken geschrieben haben – Arbeit war anschließend von höherem Vertrauen geprägt. Kleine bescheidene Übung bringt große Unterschiede.
- Stärken betonen: Setzen Sie Mitarbeiter nach den Stärken ein und doktern Sie nicht an den Schwächen herum.
- Optimismus und Motivation ausstrahlen: Sie haben sich entschieden, Führungskraft zu sein – strahlen Sie aus, „Wir schaffen das schon", auch die Haltung zeigt, ob Sie den Optimismus ausstrahlen oder ihn nur vorgeben.

Grundsätze sind merkwürdig – sprich würdig sie zu merken (Klausur)

Management und –funktionen: Aufgaben wirksamer Führung nach Malik (Klausur)

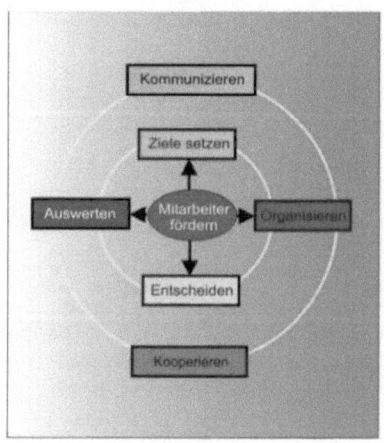

1. Für Ziele sorgen
2. Organisieren
3. Entscheiden
4. Kontrollieren
5. Menschen entwickeln und fördern

Quelle: Malik 2000

- Wichtig ist: Für Ziele sorgen, Ziele setzen (Ziele müssen smart sein / nachvollziehbar)
- Ziele müssen das Umfeld schaffen (normatives Management schafft die Rahmenbedingungen, in denen es möglich ist, Ziele zu erreichen)
- Entscheiden: Führungskraft muss Entscheidung fällen, sehr entscheidendes Kriterium einer Führungskraft
- Kontrollieren: Führungskraft muss Kontrollieren (sh. Navigator / Kompass), hier auch Verweis aufs Controlling, Regelmechanismus, der große unternehmerische Bedeutung
- Menschen entwickeln und fördern: Fordern und Fördern – Flow-Prinzip, wenn Mitarbeiter nicht unter- und überfordert sind und dort eingesetzt sind, wo ihre Stärken sind, sind die Rahmenbedingungen geschaffen, dass die Arbeit leicht von der Hand geht (flow). Mitarbeiter können nicht motiviert und begeistert werden, sondern nur die Rahmenbedingungen schaffen, dass dies passiert. Ansonsten sind die Mitarbeiter weg

Managementfunktionen sind merkwürdig – sprich würdig sie zu merken (Klausur)

Inhalte von Managementtätigkeiten: Werkzeuge wirksamer Führung nach Malik (Klausur)

1. Die Sitzung
   Besprechungen werden strukturiert (haben Moderator / Leiter, der einlädt, Themen vorgibt, moderiert, vor- und nachbereitet, Tagesordnung – vorher und nicht während der Sitzung, bei Ergänzungen Aufgabe des Moderators, nicht der Gruppe, Zeitplan als ungefähre Anordnung soll Teilnehmer dazu disziplinieren, sich an den Plan zu halten, Zeit für Vor- und Nachbereitung und die Punkte müssen diskutiert werden,
2. Das Protokoll – im Protokoll muss die Verantwortlichkeiten (wer macht wann was und wie) klar definiert werden, Schriftstücke werden empfängerorientiert verfasst – für Jurist anders als für Betriebswirt – auch im Zusammenhang mit Stakeholder, Sprache und Struktur der Schriftstücke sollten an die Empfänger angepasst sein)
3. Stellengestaltung und Einsatzsteuerung – Menschen entwickeln und fördern – Jobs müssen für die Menschen geeignet sein, die richtige Person sitzt an der richtigen Stelle
4. Persönliche Arbeitsmethodik – welche Aufgaben werden wie erledigt, welche Strukturen nutze ich dafür (Outlook, Checkliste), Zeit- und Prioritätenmanagement, auditiv, visuell, teamorientiert zur Erreichung von Effizienz
5. Budget und Budgetierung – Leistungsstrukturen, Leistungsziele, anhand der Ressourcen budgetiere ich ein Ziel, das zu verfolgen ist.
6. Leistungsbeurteilung – korreliert stark an das Thema der Kontrolle, regelmäßiges Feedback, nicht gleich in die Kritik gehen, auch Wertschätzung und Stärken betonen.
7. Systematische Müllabfuhr – entledigen Sie sich vieler Dinge, die sich angesammelt haben, trennen Sie sich von Dingen, die nicht so wichtig und entscheidend sind.

Klausurrelevant

Wer führt, braucht entsprechendes Handwerkszeug

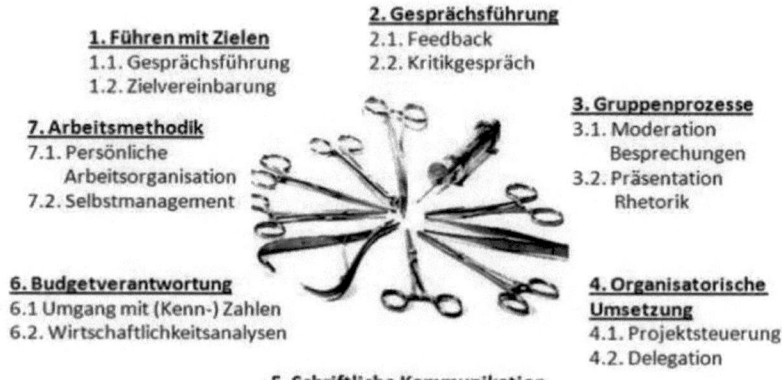

1. Führen mit Zielen
1.1. Gesprächsführung
1.2. Zielvereinbarung

2. Gesprächsführung
2.1. Feedback
2.2. Kritikgespräch

7. Arbeitsmethodik
7.1. Persönliche
Arbeitsorganisation
7.2. Selbstmanagement

3. Gruppenprozesse
3.1. Moderation
Besprechungen
3.2. Präsentation
Rhetorik

6. Budgetverantwortung
6.1 Umgang mit (Kenn-) Zahlen
6.2. Wirtschaftlichkeitsanalysen

4. Organisatorische Umsetzung
4.1. Projektsteuerung
4.2. Delegation

5. Schriftliche Kommunikation
5.1. Konzepterstellung
5.2. Protokollerstellung

Nicht klausurrelevant

Zielfunktion Soziale Organisationen: Zeit, Ergebnis, Qualität und Betriebsklima

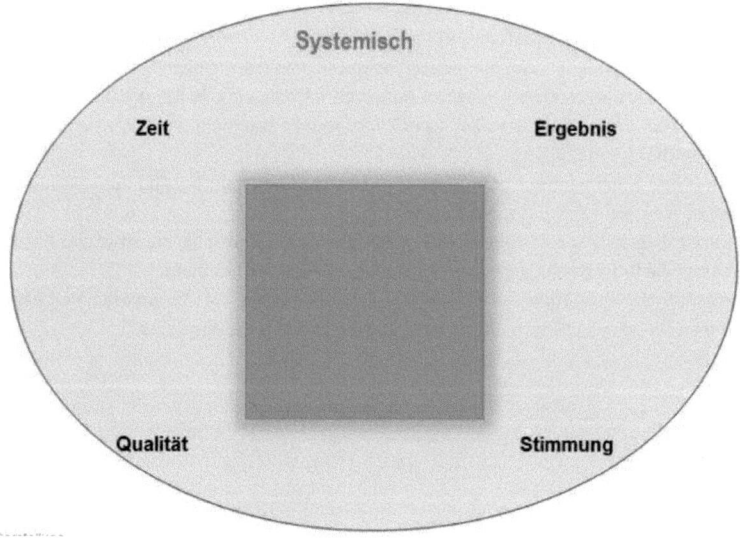

- Erweitert die Darstellung des Zieldreiecks
- Leistung kann kurzfristig auch mit schlechtem Betriebsklima erzeugt werden
- Nachhaltige Ergebnisse können jedoch nur bei guter Stimmung und gutem Betriebsklima erzeugt werden.

Normatives Management: Ausgleich zwischen Stakeholdern eines Unternehmens

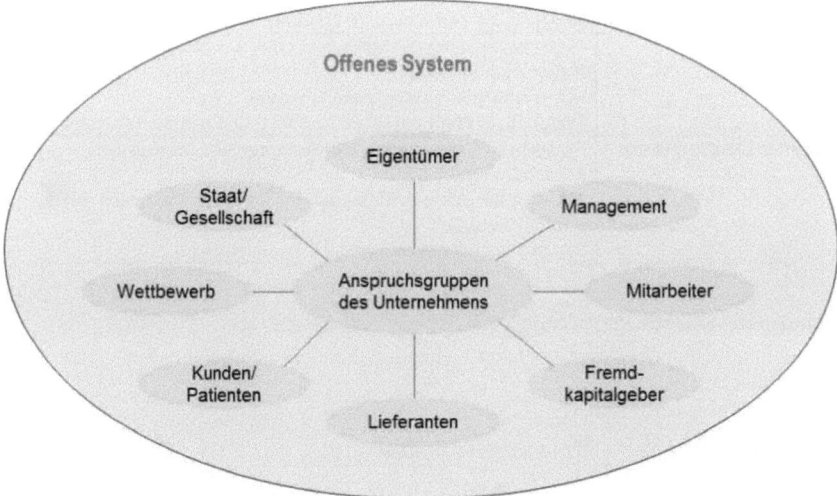

- Unternehmen ist ein offenes System: Dieses System ist dadurch gekennzeichnet, dass es verschiedene Stakeholder hat.
- Alle Stakeholder haben eigene Interessen. Betreibe ich Unternehmenspolitik, muss ich mir die Stakeholder und ihre Interessen vor Augen führen.
- Unternehmenspolitik darf nicht losgelöst von den Hintergründen stattfinden.

Managementtätigkeiten / Managementrollen: 10 Rollen von Managern nach Mintzberg

Interpersonelle Rollen	Informationale Rollen	Entscheidungsrollen
Gallionsfigur	Radar	Innovator
Vorgesetzter	Sender	Problemlöser
Vernetzer	Sprecher	Ressourcenzuteiler
		Verhandlungsführer

- Je nach Kontext, in dem Sie als Manager stehen sollten Sie in eine Rolle schlüpfen
  - o Gallionsfigur, die sich durchsetzt und das Unternehmer voran bringt
- Problemlöser: Wenn ein großes unlösbares Problem auftritt, dann ist diese Rolle gefragt.

Drei Schlüsselkompetenzen nach Mintzberg

Technische Kompetenz	Relevante Sach- und Managementkenntnisse Fähigkeit, Wissen und Methoden auf den konkreten Einzelfall anzuwenden Fähigkeit, Wissen ständig zu erneuern.
Soziale Kompetenz	Fähigkeit, mit anderen Menschen effektiv zusammen zu arbeiten (Leiter, Teammitglied) Kooperationsbereitschaft und Empathie Fähigkeit zur Kommunikation, Konflikt- und Netzwerkmanagement.
Konzeptionelle Kompetenz	Fähigkeit zum Verständnis von Systemen und Denken in Kausalzusammenhängen Fähigkeit der Komplexitätsreduktion und Herstellung von Anschlussfähigkeit Fähigkeit zum Perspektivwechsel

Interessant die wissenschaftliche Perspektive im Bezug zu Napoleon / Hill

Gesundheitsmarkt – Die Ausgangssituation

Den Treibern im Umbruchprozess stehen Schwerfälligkeit und fehlende Selbstheilungsmechanismen der gewachsenen Strukturen gegenüber (Quelle: Roland Berger)

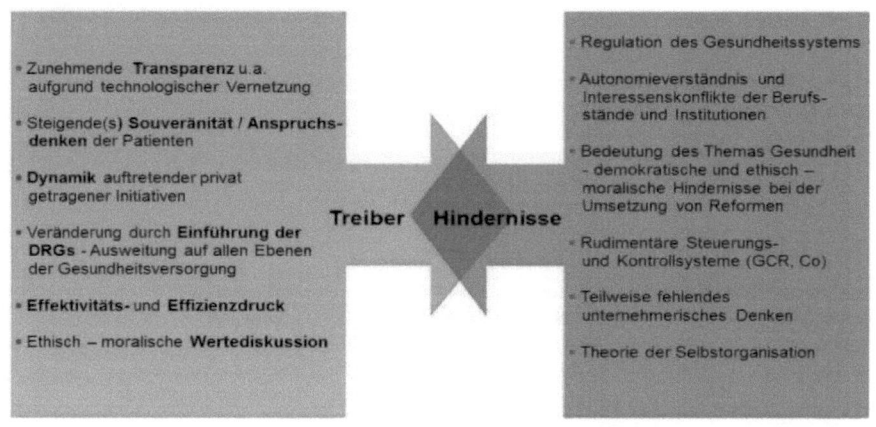

- Führung funktioniert Branchenübergreifend, egal welche Branche oder kultureller Hintergrund (denken Sie Empfängerorientiert)
- Gesundheitsmarkt, systemische Besonderheiten:
  - Branche ist teilreguliert, Preis steht fest, Leistungen können die Leistungserbringer frei schalten und walten.
  - Bei teilregulierten Systemen entstehen Eigendynamiken (z.B. wird nur über die Menge gearbeitet, nicht auch über die Preise)
  - Dies ist ein Beispiel, aus dem große Probleme resultieren
  - Autonomieverständnis der Lobbies, dennoch müssen sich alle Verbände an die politischen und ökonomischen Spielregeln halten
  - Dies hat auch Auswirkungen auf die Führung eines Unternehmens in der Gesundheitsbranche und der Mitarbeiter in diesen Institutionen
  - Im Krankenhaus: Viele leitende Mitarbeiter, denen das unternehmerische Denken abhanden kommt.
    - Medizin und Pflege müssen stärker auch unternehmerisch denken.

Komplexität / Labilität des patientenorientierten Versorgungsprozesses „Gesundheitsuniversum"

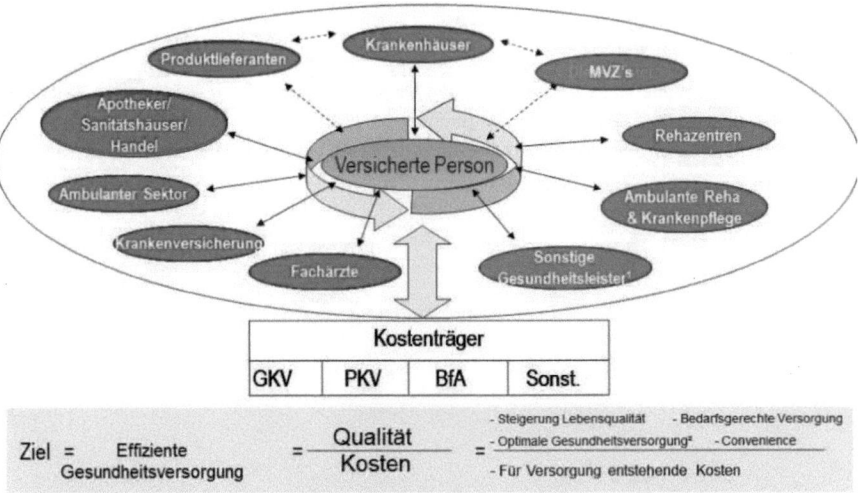

- Stakeholder-Problematik – großes Gesundheitsuniversum, das von einem schmalen Kostenträger-Band getragen werden muss.
- Dies hat Auswirkungen auf die Führung eines Unternehmens

Herausforderungen zur Komplexitätsbewältigung

Ineffizienz des bestehenden Systems
- **Kosten-Nutzen-Diskrepanz:**
  Steigende Kosten bei abnehmender bzw. stagnierender Qualität
- Sektorale **Systemegoismen** mit mangelhafter Koordination
- **Angebotsfragmentierung**
  statt patientenzentrierte Prozessoptimierung
- **Missmanagement** in weiten Teilen der Gesundheitsbranche

Technologischer Fortschritt
- **Innovationen** bieten höhere Lebensqualität; immer mehr
  Behandlungen können teilstationär oder ambulant erfolgen
- Hohes **Anspruchsdenken** bei den Versicherten
- Frage nach dem medizinisch **Notwendigem** in der
  sozialgesetzlichen Gesundheitsversorgung
  (Welche Versorgungsqualität will man solidarisch finanzieren?)

Demographische Entwicklung
- Stagnierende Geburtenzahlen und **Überalterung** der Gesellschaft
- Zunahme der **beschwerdefreien** Jahre <
  Steigerung der Lebenserwartung
- **Werteveränderungen** und moralisch - ethische Fragen

 Grundlegende Reformbedürftigkeit

- Gesellschaft überaltert – Gesellschaft und Mitarbeiter werden älter, zunehmende Bedeutung des betrieblichen Gesundheitsmanagements.
- Wie können wir auch ältere Mitarbeiter bis zur Rente befähigen in ihrem Beruf tätig zu sein?

Unternehmenssteuerung

Systemische Unternehmenssteuerung: Enterprise Value – Von der Strategie zur Umsetzung

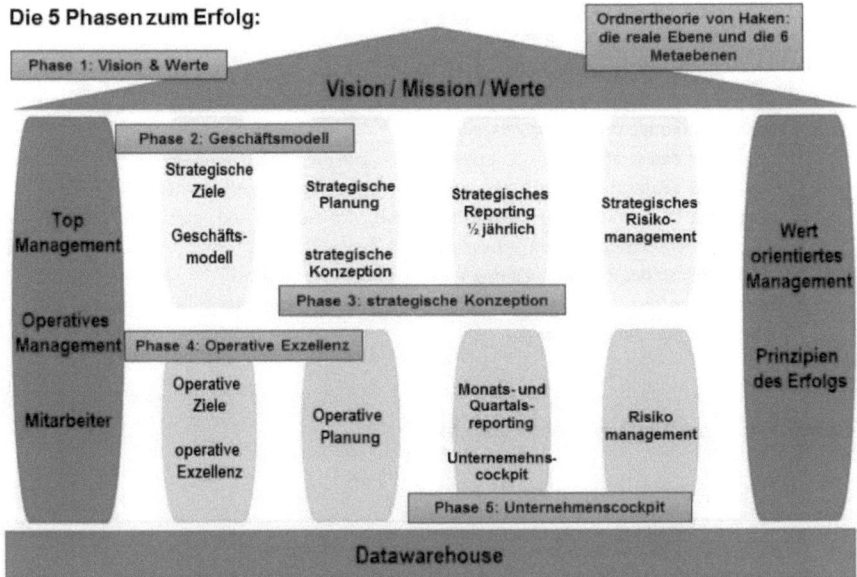

- Modell einer ganzheitlichen systemischen Unternehmenssteuerung
- Phase 1: Vision und Werte
  - o Normatives Management: Unternehmenskultur, Philosophie und Leitbild: Wofür stehen wir erkennbar am Markt?
  - o Das ganze sollte wertorientiert getragen werden. Steigerung des Unternehmenswertes:
    - ▪ Prinzipien des Erfolges (wertorientiertes Management)
      - • EVA-Prinzipien
      - • Cash-Flow-Prinzip
      - • Berechnung von Unternehmenswerten (Steigerung des Unternehmenswertes)
    - ▪ Qualität, Ergebnis, Zeit, Stimmung (Betriebsklima)
      - • Positive Strukturierung
      - • Tragende Säule der Unternehmung
- Phase 2: Geschäftsmodell
  - o Strategische Ziele
    - ▪ Business Case über mehrere Jahre

- - Definition eines Geschäftsmodells mit seinen Entwicklungsmöglichkeiten
- Phase 3: strategische Konzeption
  - o Planung des strategischen Reportings für die Stakeholder nur halbjährlich
  - o Normen und Strategien werden in der Regel nicht gewechselt.
  - o Wenn Sie die Strategie wechseln, dann haben Sie noch nicht die geeignete gefunden.
  - o Kontrolle (Führungsaufgabe): Verfolgen Sie noch die strategische Entwicklung?
  - o Strategisches Risikomanagement (konstruktive Paranoia)
    - Wo lauern Risiken?
    - Worauf muss ich gefasst sein?
    - Kann im strategischen Reporting mit abgebildet werden
- Phase 4: operative Umsetzung / Exzellenz
  - o Aus den strategischen Zielen entwickeln sich die operativen Ziele
  - o Aus der strategischen Planung wird die operative Planung entwickelt
  - o Aus dem strategischen Reporting heraus wird monats- und quartalsweise ein Unternehmenscockpit entwickelt.
  - o Ebenso das Risikomanagement auf der operativen Ebene.
- Phase 5: Unternehmenscockpit: Alle Ebenen können abgebildet werden, Datawarehouse liefert alle Daten für alle Ebenen.

Wichtig: Fokussierung auf Management nach Malik